MÉMOIRE

SUR LA NÉCESSITÉ DE MODIFIER

LA LÉGISLATION DES GRAINS

DANS

LE ROYAUME DES PAYS-BAS.

La force qui résiste
Est celle qui soutient.

1822.

DE L'IMPRIMERIE DE NOUZOU, RUE DE CLÉRY, N°. 9.

A Messieurs les Présidens et Membres de. la Deuxième Chambre des États-Généraux.

NOBLES ET PUISSANS SEIGNEURS,

LES deux époques de disette et de surabondance, dont nous avons été les témoins, me conduisent à implorer votre appui contre la législation absolue et inflexible sur les grains.

Je n'entends pas jetter du blâme sur le passé, il a trop fait voir que les principes qui ont été consacrés, sont en contradiction avec les intérêts de l'immense majorité de la société. Je me borne à exposer des observations, résultats de recherches que j'ai faites dans l'intérêt de tous. Si Vos NOBLES PUISSANCES daignent les lire, elles pourront en tirer les conséquences que commandent l'expérience et les besoins de la Nation.

J'appelle, sur l'intérêt de l'agriculture, les méditations du législateur, l'importance du sujet le mérite ; et demande que Vos nobles Puissances portent à cette législation des améliorations considérables. Rien ne saurait plus différer de rendre aux intérêts naturels et généraux, leur domination légitime ; c'est devant ceux-ci que doivent fléchir tous les autres ; les arts industriels viennent après eux, et le commerce qui en est inséparable est leur agent, comme le *haut commerce* est leur fléau.

Je suis avec un très-profond respect,

De Vos nobles Puissances,

Le très-humble
et très-obéissant serviteur,

F. OTTEVAERE.

Flandre orientale,
Evergem, 4 *Février* 1822.

MÉMOIRE

SUR LA NÉCESSITÉ DE MODIFIER,

AU ROYAUME DES PAYS-BAS,

LA LÉGISLATION DES GRAINS.

SECTION I.

Effets de la loi 1816.

Il s'est présenté en 1816 une question d'économie politique, de la plus haute importance : *faut-il admettre la libre entrée et sortie des grains, sans restriction quelconque ?* En soumettant son projet de loi aux deux chambres, le ministère a montré sa tendance personnelle pour l'affirmative ; c'est ainsi que cette question importante a été résolue a une très-faible majorité. Il est aujourd'hui évident que cette loi n'existe qu'au profit de la province de Hollande, et qu'elle n'est maintenue qu'au détriment de toutes les provinces agricoles du royaume.

Dans ses spéculations bienveillantes, le ministère n'a pas cru devoir soumettre sa législation à aucune règle modératrice ; à entendre LL. Ex. toutes les objections devaient disparaître comme par enchantement devant cet axiôme favori : *laissez faire, laissez faire, le commerce et l'intérét personnel sont là qui veillent à votre conservation ; si les blés deviennent rares aux Pays-Bas, c'est aux Pays-Bas qu'on les apportera.*

Mais cet axiôme favori n'ayant en aucune manière satisfait aux intéréts généraux, ni prévu aucune circonstance difficile, ni tenu compte d'aucune expérience acquise, est complettement tombé dans le discrédit. Les raisons en sont bien simples ; en 1817 il nous a valu une disette affreuse, en 1821 et 1822 une surabondance désespérante. En faut-il davantage pour indiquer le défaut de prévoyance qui a présidé à la décision d'une question grave, en matière d'économie politique ?

Je vais examiner et reconnaître la fausseté de l'axiôme qui précède ; mais avant d'entreprendre une chose si peu difficile, je dois prévenir toute interprétation contraire à mes intentions. Il résulte du serment de sa majesté, à son avènement au trône : » Je jure d'employer à la conservation et à l'ac- » croissement de la prospérité générale et particulière, ainsi » que le doit un bon roi, tous les moyens que les lois mettent » à ma disposition. » et du serment que font les membres de la deuxième chambre des états généraux : « Je jure que je » concourrai autant qu'il sera en moi, à l'accroissement de » la prospérité générale, sans m'en éloigner pour aucun in- » térêt particulier ou provincial. » il en résulte, dis-je, une obligation implicite pour tous les citoyens, de concourir à la prospérité de l'état ; il est dès-lors permis de démontrer, qu'on s'est éloigné de l'intérêt général, et que la loi de 1816 sur les grains, n'existe réellement que dans l'intérêt d'une province. Ce ne sera donc pas *pour semer la division parmi les habitans du royaume*, que j'indiquerai les causes appa- rentes de la ruine instante de l'agriculture, mais uniquement *pour concourir à l'accroissement de la prospérité générale*. Il faut parler pour être entendu ; je ne saurais me faire en- tendre et encore moins me faire comprendre, si je n'emploie les raisonnemens, si je n'établis des faits positifs qui portent la conviction partout où l'aveugle prévention et le désir de suivre l'impulsion des ministres, ne sont point entièrement en possession vraie, ou feinte, de toutes les facultés intellec- tuelles.

Si je ne puis me flatter de convaincre des adversaires puis- sans en pouvoir, je pourrai du moins espérer que tous les hommes qui sont dirigés par des sentimens patriotiques, approuveront mes efforts, et que peut-être les leurs s'identifieront avec les miens, pour obtenir légalement des résultats que les besoins généraux réclament avec la plus vive instance.

Ces besoins ont été reconnus par la deuxième chambre des états généraux, dans sa séance du 3o Novembre dernier, lorsque sur une pétition, qui réclamait des mesures législatives contre l'exportation et l'importation illimitée des grains, elle a reconnue que la législation sur cette matière était *incomplette*; c'est dire en d'autres termes, qu'elle est *vicieuse*; car on n'apperçoit rien *d'incomplet* dans le système que le ministère a voulu suivre, mais on voit au contraire dans la reconnaissance de la chambre, le désaveu implicite de ce système. Je prends acte d'un aveu qu'il m'était précieux d'obtenir, avant d'insister sur la réforme de la législation, qui menace d'entraîner l'industrie rurale dans sa ruine, à présent que les circonstances et l'expérience ont vu tomber la théorie ministérielle.

C'est à l'aide des garanties qui précèdent, que je vais m'expliquer aujourd'hui sur une question qui n'en est une dans aucun pays du monde, si j'en excepte le royaume des Pays-Bas; ce royaume est-il donc dans une position si étrange, qu'il doive réellement avoir une législation particulière? C'est à l'expérience à répondre, elle est supérieure à toutes les théories, déjà elle tient le ministère sous le joug, et quoiqu'elle ne soit peut-être encore établie que confusément dans son esprit, puisqu'il ne propose aucune mesure législative conforme aux besoins généraux, il est néanmoins forcé de reconnaître dans l'opinion de la chambre, la fausseté de la législation actuelle. Le ministère se flatterait-il de jouir de son immobilité, puisqu'il ne ramène pas les choses à leur vrai terme, qui est l'intérêt de l'immense majorité? Tout porte à le croire. Il faut donc porter la conviction partout, le faire céder de poste en poste, et le presser d'adopter dans toute sa rigueur le terme des intérêts généraux.

Les progrès immenses de notre agriculture , depuis trente ans, sont le résultat de la progression générale, de l'activité, de la frugalité de nos habitans, de la protection dont l'industrie rurale a presque constamment joui. Ces choses réunies, ont augmenté la force productive de notre sol, au point qu'elle ne pouvait désormais décroître que par des fautes en administration. La législation de 1816 vient nous en fournir la preuve. Avant celle-ci, tout était en rapport avec le prix moyen des grains, les transactions étaient bâsées là-dessus ; aujourd'hui tout est renversé, rien n'est en harmonie avec le fermage, avec l'impôt foncier et avec les charges de toute nature ; de ce renversement résulte une réduction dans le capital productif, une diminution dans la valeur des fonds de terre, comme dans celui du fermage, et par conséquent, une grande soustraction à faire à la valeur imposable ; tel est en partie le résultat de la législation de 1816.

La liberté indéfinie de l'exportation des grains nous a conduit en 1817 à une situation équivalente à une famine ; la liberté indéfinie des importations nous conduit en ce moment à une surabondance ruineuse. La grande baisse des prix des grains n'est pas entièrement l'effet de nos propres produits, elle n'est pas précisément le résultat des améliorations dans notre agriculture, par laquelle nous nous trouverions momentanément dans une condition inévitable ; mais elle est en très-grande partie l'effet des importations actuelles ; il a suffi qu'on ne fît plus de demandes à l'agriculture pour faire baisser les prix et pour les faire tomber au-dessous de la valeur qu'il en coûte pour les produire ; *c'est ainsi que nos grains n'ont de valeur que dans une proportion relative aux prix auxquels seront vendus ceux du Danemarck, de la Pologne et de la Russie.* Or, comme les charges de ces pays, relatifs au prix de la reproduction, sont avec les nôtres, comme d'un à trois pour les premiers pays, comme d'un à cinq pour ceux de la Russie, il est facile de concevoir combien la liberté illimitée des importations est destructive de notre prospérité agricole. Il est des choses tellement accessibles au bon sens de tout le monde, que ce serait à-peu-près manquer à la raison publique que de paraître croire à la nécessité de les indiquer.

La loi de 1816 est une mesure qui a été proposée par le ministère, la majorité des intérêts la redoutait; sa proposition a été convertie en loi par le nombre des votans, mais il n'en résulte pas qu'elle ait été consentie par l'intérêt national. *Laissez faire le commerce* a été le mot d'ordre, c'est avec cet axiôme vague qu'on a prétendu nous conduire à la perfection de l'économie politique. Il me semble qu'avant tout, il fallait stipuler dans l'intérêt général; que le mot d'ordre devait être *Intérêt national*, et qu'en ne tournant pas le dos à une longue et salutaire expérience, on n'avait qu'à suivre la route battue de la prospérité, qui a évidemment été sacrifiée à une vaine théorie ou à un intérêt local. Je ne juge ici que les résultats et nullement l'intention. Mais comme les hommes supérieurs ne sont pas toujours en possession du gouvernement, on n'a pas prévu le mal considérable qui est résulté d'un mince avantage purement local et momentané; il ne fallait cependant pas pour cela un jugement bien exquis, car la mesure proposée était repoussée par la *majorité des intérêts*. Ce repoussement était fondé sur la conviction que ce changement amenait des graves inconvéniens, en retour d'un faible avantage particulier, et l'expérience qui s'est précipitée de partout a décidée qu'il existe chez beaucoup de nations une raison qui, en cette matière, force impérieusement le gouvernement *d'agir*, au lieu de *laisser faire*; quand on a d'énormes impôts à percevoir sur les propriétés foncières, et qu'on détruit le revenu imposable, on tourmente l'industrie rurale et la richesse des particuliers, on nuit à la prospérité de l'état, et au bonheur des habitans, tout en desséchant les artères du trésor.

Des économistes du dix-huitième siècle, derrière lesquels sont venus se retrancher l'intérêt particulier et les prétentions surannées de la province de Hollande ; dans leur amour pour le droit de propriété et de liberté, croyaient que ce n'était pas assez que de mettre en commun, chez une nation toute entière, les subsistances des diverses provinces ; leurs idées philantropiques leur suggeraient que le gage le plus assuré de l'abondance, dans tous temps et dans tous lieux, est la *liberté illimitée* de faire sortir d'un pays, comme d'y faire entrer les grains. Mus par des idées estimables, puisqu'elles avaient leurs sources dans l'amour du bien public, ils dépassèrent le but. Pour faire sortir de leurs retranchemens les successeurs de ces économistes, pour éclaircir la matière, je vais essayer de convaincre le lecteur de la fausseté de ce système, en combattant avec ses propres armes le plus célèbre d'entre eux, Adam Smith, auteur respectable sans doute, mais qui n'a point prévu, qui n'a point calculé la progression des choses, qu'en cinquante ans les moyens alimentaires pouvaient doubler en Europe, et qu'un jour il faudrait administrer avec autant de précaution et de sagesse pour prévenir *la surabondance,* qu'il en fallait pour prévenir la *disette.* C'est ainsi que tomberont d'autres prétentions qui, sous l'apparence des principes, cachaient un intérêt purement colonial.

Le bas prix pendant la première moitié du dernier siècle, semblait prouver à cet auteur célèbre que le blé est toujours meilleur marché dans les pays riches que dans les pays pauvres ; et la petite quantité de grains que l'Angleterre tira de l'étranger pendant cette époque, même dans les années de la plus grande disette, le conduisit à établir en principe, que la quantité des grains introduits ne peut jamais être assez considérable pour avoir de l'influence sur leur production dans le pays ; il pensait que la quantité qu'on serait dans le cas d'importer ne s'élèverait pas à la 571me. partie de ce qu'il fallait pour nourrir l'Angleterre (1). Il n'est aucun de nous qui ne sache aujourd'hui à quoi s'en tenir sur ce point.

---

(1) Richesse des nations, liv. IV, chap. 2, pag. 120, 6e. édit. anglaise.

L'état des choses, tel qu'il a existé depuis ce temps, et surtout depuis le dernier quart du siècle, a suffisamment démontré que ces phénomènes n'étaient qu'accidentels ; que dans un pays très-riche, le blé peut être à un prix extrêmement élevé, et que les importations en Angleterre ayant été *de plus d'un dixième* de la récolte, au lieu *d'un cinq-cent-soixante-et-onzième*, elle a par conséquent pu avoir une influence marquée sur la production territoriale. Il est arrivé à l'Angleterre ce qui nous arrive aujourd'hui, l'importation des grains a produit le bas prix, mais le gouvernement anglais qui n'est pas partisan du *laisser faire*, en a prévenu l'avilissement par des mesures législatives que nous réclamons vainement.

Adam Smith est plus conséquent quand il dit : « Que les » intérêts du propriétaire foncier sont intimement liés avec » ceux de l'état (2) et que la prospérité ou la détresse de l'un » entraîne celle de l'autre ». *que lorsqu'il soutient :* « Que » la plus grande liberté d'importer du blé et autres produits » de la terre, ne peut faire aucun tort ni aux fermiers ni aux » propriétaires (3) ». On peut opposer les Anglais à eux-mêmes, la vérité ne peut qu'y gagner ; le professeur Malthus réfute Smith en disant que sa proposition est incontestablement trop générale ; que c'est l'autre opinion qui est rigoureusement vraie (4). Quand Adam Smith a écrit son ouvrage, l'Angleterre ne payait que 13 millions de contribution foncière ; aujourd'hui elle en paie 68, aussi y tient-on toujours le blé fort cher pour que le prix soit en harmonie avec celui de l'impôt et du fermage.

Les funestes résultats du *laisser faire* de 1817 nous sont connus ; il forme dans notre histoire une époque fatale qui, versant des grandes calamités sur le peuple, accuse la législa-

---

(2) Richesse des nations, liv. I, chap. 2, pag. 594.
(3)   *Idem*   id. IV, id. 2, pag. 189.
(4) Malthus, principe d'économie politique, tom. I, chap. 3, pag. 509, édition de Paris.

tion d'une erreur grave. Le royaume des Pays-Bas possédait
alors assez de grains pour suffire aux besoins de la population,
mais l'exportation illimitée a réduit les habitans pauvres à l'hu-
miliante condition de se disputer les uns aux autres les éplu-
chures de la pomme de terre jettées dans la voie publique.
C'est de cette époque que date l'augmentation de la mendicité,
dans une proportion effrayante ; delà ont suivi le pillage en
plein jour dans les villes, le vol, le meurtre et l'incendie ; il a
fallu tempérer la rigueur des lois, eu égard à la pénible circonstance dans laquelle nous vivions alors. Il serait à désirer
qu'un si terrible spectacle, qui naguère affligeait tout un peuple, depuis le souverain jusqu'au simple chef de famille, ne
fût point stérile, que cet aspect effroyable, qui a frappé tant
de regards, ne fût point oublié, mais qu'il servît d'époque et
de leçon.

Les importations n'ayant pu alors balancer à temps les
exportations, et les quantités des denrées importées n'ayant
pas été de la meilleure qualité, les productions indigènes se sont
élevées beaucoup au-dessus des moyens de la classe ouvrière ;
le seigle était à 24 florins courant l'hectolitre, et plus il haus-
sait, moins le détenteur se pressait de vendre, dans l'espoir de
le voir hausser bien davantage. La bienfaisance du monarque
ne s'est point démentie ; tous les moyens ont été employés pour
remédier au mal ; mais c'est ici le cas de dire que les moyens
dont on s'est servi, attestent eux-mêmes la faute grave qui a
été commise, car c'est toujours une faute, quand les gouvernemens s'exposent à devoir convenir des vices de leur législation. Les moyens ont donc été insuffisans, l'humanité du prince
n'a pu prévenir tous les besoins. Mais le mal pourrait, dans
une circonstance pareille, devenir bien plus grave ; il peut arriver tel évènement qui paralyse tous les efforts possibles pour
opérer une compensation si importante ; si, après le départ de
nos blés, une prohibition avait lieu à l'étranger, on sait qu'en
pareille matière, la reconnaissance entre voisins est illusoire,
l'histoire de Venise, la conduite de l'Angleterre envers la

(9)

France dans les années 1794 et suivantes, en sont des preuves évidentes; qu'elle en serait la conséquence? si une tempête engloutissait les grains impatiemment attendus? si une guerre éclatait, si un hiver se prolongeait, si les apparences de la récolte à l'étranger étaient fâcheuses, nulles peut-être, quel en serait le résultat? Croit-on de bonne foi, parce que les blés seraient achetés et arrhés à l'étranger, que les gouvernemens respectifs en permettraient la sortie? Ce serait une bien grande erreur que d'y compter. C'est dans un pareil moment qu'on verrait l'imagination du peuple s'égarer, parce qu'il aurait entrevu à travers ce dangereux prisme, l'horreur de sa situation; rien ne saurait plus le contenir, la vérité et la raison ayant perdu leur empire, le corps social toucherait à une dissolution complette. Un pareil moment est loin de nous aujourd'hui, mais qui nous garantira qu'il ne peut point se reproduire avant peu d'années?

A entendre les économistes de la province de Hollande, parmi lesquels il se trouve sans doute nombre d'esprits exclusifs, le *laisser faire* devait pourvoir à tout, et en toute circonstance, la loi de 1816 était une panacée universelle qui devait guérir, voir même prévenir tous les maux du corps politique; à les entendre on allait couvrir, même au-delà, toutes les exportations avec les grains étrangers; l'ont-ils fait? Le prix du seigle à 24 florins de Brabant l'hectolitre, celui du blé à 36, attestent le contraire. Y avait-il pour eux du bénéfice à le faire qui compensât les risques de perdre? C'est à cette considération que s'est arrêté l'humanité des partisans du *laisser faire*. Et de quelle qualité étaient les seigles qui ont été importés? Je laisse aux registres de l'état civil, où sont inscrits les nombreux actes de décès de cette mémorable époque, à répondre à cette question.

A les entendre, ces hommes par excellence du haut commerce, non pour l'amour de la patrie, toujours trop faible, non par des réflexions politiques qui agissent trop lentement, mais pour leur utilité propre, devaient procurer un débouché à nos céréales dans les années de surabondance, le font-ils? l'heure de la nécessité est venue, mais *le haut commerce protecteur* ne nous abandonne pas moins à présent, qu'au moment de la disette. Ces grands génies ont apparemment pensé qu'on approvisionne un royaume de cinq millions d'âmes, comme on approvisionnait jadis une province ; et que la surabondance d'un vaste pays, éminemment agricole, n'est pas au-dessus de la capacité des greniers d'Amsterdam. Il ne faut cependant pas conclure de l'insuffisance de leurs moyens qu'ils n'ont tiré aucun parti de la loi de 1816, on s'y tromperait grandement, car, pour gagner de l'argent, ils ont contribué à nous priver du nécessaire en 1817, et pour gagner de l'argent, ils ont repoussé nos productions en 1820, 1821 et 1822, et pour gagner de l'argent, ils sont allé chercher les blés du nord pour accroître en ce moment notre surabondance. Voilà dit-on les hommes auxquels notre industrie agricole et manufacturière doivent tous leurs malheurs. Ils s'obstinent, comme s'ils étaient un corps dans l'état, à considérer maintenant le royaume des Pays-Bas, comme ils ont jadis considéré les Provinces-Unies ; ils refusent de prendre en considération les *intérêts généraux,* comme si ce n'était pas avec les intérêts généraux que le gouvernement a stipulé, comme si ce n'était pas avec ces intérêts qu'il existe et qu'il se maintient. C'est par des prétentions aussi absurdes qu'ils ont lié leur ancien système à leur position nouvelle, qu'ils nous font contribuer dans le paiement de leur dette publique, dont ils sont presque les seuls possesseurs, au moment où ils repoussent nos productions. Ils ne se contentent pas de les repousser, mais ils détruisent encore le principe de leur reproduction, par le bas prix qui résulte de leurs importations. D'où vient donc cette prétention à une semblable suprématie qui nous deshériterait presque du sol de la patrie ? On prétend, mais je suis loin de l'affirmer, que la province de Hollande a acquis cette supériorité de la flexibilité de ceux qui ont revisé l'acte constitutionnel, qu'elle la soutient par la tendance ministérielle, qu'elle envahira ainsi pied à pied le systéme entier de notre administration, et que toutes les machines qui la constituent tourneront à son profit. Que seraient donc devenus la nation, le pays, la force universelle, ce grand ressort du pouvoir? Non, je ne saurais croire qu'aucun gouvernement, solidement constitué, soit dans le cas de traiter avec les individus plutôt qu'avec la masse des intérêts; je ne saurais croire qu'il existe des obstacles au bien général qui surpassent les moyens; je ne saurais croire à une condition si humble pour le pouvoir lui-même comme pour les citoyens, qu'il soit des cas où il importe de laisser dominer des intérêts particuliers, quand il est de sa propre dignité de vaincre les uns et de mettre les autres à profit; le gouvernement possède trop bien l'art de traiter avec les individus (art nécessaire, mais qu'il importe d'étendre à la généralité, afin qu'il produise un bon effet) pour se laisser conduire à l'oubli de son intérêt personnel, à l'oubli d'une égale protection qui est due à tous.

L'aveu qu'a fait la 2.me. chambre des États-généraux, que la législation sur les grains est vicieuse, me conduit à prendre aussi acte de celui du gouvernement même : il convient *qu'il faut encourager l'agriculture au moyen d'un dégrèvement des centimes additionnels sur l'impôt foncier, ce qui l'augmentera dans une proportion égale, à mesure que les besoins extraordinaires de l'état diminueront.*

Convenir que l'agriculture a besoin d'être encouragée, c'est dire en d'autres termes qu'il faut protéger la reproduction; or pour reproduire il faut pouvoir consommer ou vendre ce qui est déjà produit; mais si ce qui est produit ne peut être consommé ou vendu au prix qu'il en coûte pour le créer, c'est tomber dans une étrange contradiction que de vouloir paraître encourager la reproduction des denrées, dont on détruit jusqu'au germe, par les importations sans restrictions.

Je demande bien pardon aux Ministres de leur dire :

soyez donc conséquens, vous voulez encourager l'agriculture et vous conservez une loi qui la détruit ! Vous voulez dégrever les contributions qui pèsent sur elle, et par votre loi nouvelle sur la mouture et l'abattage, vous l'augmentez au point de l'élever à 40 pour cent sur la matière imposable ! Voyez le prix des grains, celui des bestiaux, et l'économie à laquelle vous nous avez réduits ! Tout se tient, tout se lie dans la société. La cause de la ruine nous possède et vous nous dites : soyez heureux ! Vous voyez bien qu'il y a dans votre système un vice qui ronge l'industrie, mais vous ne lui donnez point la direction qui la relève. Vous semblez dès-lors nous abuser en nous laissant croire que vous voulez nous rapprocher d'un but où vous ne voulez pas nous mener. Quel terme assignez-vous à ce désastre ?

Rien n'est plus concluant qu'une vérité arithmétique, je vais l'employer pour réduire ce système à sa valeur.

Avez-vous bien calculé ce que coûte l'hectolitre de seigle au Mecklembourg, en Pologne, en Russie, ce que coûte l'hectolitre de blé à Odessa, ce qu'au prix du jour il produit de bénéfice aux cultivateurs étrangers et ce qu'il nous présente de perte ? (1) Si vous avez ce calcul sous les yeux, vous y trouverez la conviction que votre protection est purement dérisoire, et vous supprimeriez même tout l'impôt foncier, au lieu de le dégrever de 2 à 3 centimes additionnels, que vous n'établiriez pas encore la balance.

On remarquera facilement qu'il y a incohérence dans les idées, qu'on veut et qu'on ne veut pas protéger notre industrie ; il semble qu'on est dépourvu des principes fixes, que tout est flottant ; voilà pourquoi les intérêts des provinces se froissent et se heurtent en attendant l'état de stabilité où elles vivront en paix. Mais à présent que la stabilité est dans les esprits, il est bien facile au ministère de suivre de loin en loin,

---

(1) Prix : seigle, 4 fl. c'. l'hectolitre. Blé, f. 8 – 10 à f. 9 c¹,
Le blé vaut à Odessa 5 fr. 50 c.

sans inquiétude les intérêts nationaux, et pour le décider à ce pas, sans lequel il n'y aura jamais de stabilité inaltérable, pour le décider à ne point prolonger cet état provisoire, y aurait-il de l'inconvenance à lui dire : le gouvernement n'existe point par les contributions foncières de la Pologne, du Danemarck et de la Russie, mais il se maintient par celle du sol national ; c'est dans notre intérêt que vous devez gouverner et non dans celui des peuples chez lesquels nous ne sommes rien. Que font à nous les Tartares d'Oczakow, du Cuban et de la Tauride ; que font à nous l'industrie rurale et manufacturière des étrangers, la patrie vous laisse-t-elle dans le besoin, vous manque-t-il quelque chose de ces mêmes objets que vous prenez ailleurs ? S'il ne vous manque rien de tout cela, pourquoi les préférez-vous à ceux du sol de la patrie ; pourquoi le royaume des Pays-Bas n'offre-t-il qu'un vaste entrepôt de productions étrangères ? Pourquoi faites-vous semblant d'encourager nos produits par une exposition solennelle, quand vous les laissez étouffer par les productions importées sous la protection spéciale d'un tarif qui est votre propre ouvrage ? Serait-ce encore ce génie supérieur du haut commerce de la province de Hollande, qu'une protection, qu'il est de votre devoir d'accorder, générait dans son système suranné d'entrepôt ? Est-ce la province de Hollande, sans culture et sans industrie, qui paye à elle seule les dépenses des ministères, ou est-ce le royaume des Pays-Bas ? Ne sommes-nous pas enfin une nation indépendante, et si complettement indépendante en ce moment, par la situation politique de l'Europe, que, quand même nous n'aurions pas plus d'état militaire qu'il en faut pour faire la police du royaume, aucune puissance n'oserait nous attaquer ? On sent bien ce qui cause en partie la gêne, c'est le prétendu haut commerce protecteur qui perdrait son trafic illimité des grains du Nord et ses projets sur ceux de la mer Noire ; ce sont quelques restes de colonies que les Anglais n'ont pas voulu garder, apparemment parce que leur importance ne répond pas à l'étendue de leurs dépenses, ou pour nous forcer à suivre leurs drapeaux, si nous voulons les conserver.

Aux termes de la loi fondamentale, les colonies forment une possession du royaume ; est-il dès lors raisonnable de sacrifier le principal à un pur accessoire ? Le besoin le plus impérieux, est la conservation de ce que nous possèdons de plus précieux et de plus solide, une industrie qui restera en possession de la durée, tous les autres intérêts, quels qu'ils soient, doivent fléchir devant elle. Le pouvoir d'administrer les colonies, ne renferme pas celui de frapper de stérilité le sol de la patrie, ni celui de tuer l'industrie nationale ; il résulte du serment que font nos Rois, une obligation toute contraire ; le systême colonial doit donc être dirigé dans l'intérêt de la mère patrie, et certes c'est l'intention du Prince.

Au surplus, nous connaitrons bientôt de quelle importance est le haut commerce, qu'elle est celle des colonies. Je demanderai avant tout, si le ministère, en administrant comme il l'a fait jusqu'à présent, a bien réellement rempli les vues paternelles du Prince ?

Une proclamation faite à la Haye, en Mars 1815, par le Souverain du royaume, s'exprime ainsi : « vous tous, compa-
» triotes, qui habitez ce territoire, ouvrez vos cœurs à l'es-
» poir et à la confiance ! Les élémens du bonheur public, se
» trouvent en vos propres mains ! » *Et plus loin,* « des institu-
» tions bienfaisantes favoriseront avec la bénédiction divine
» *le développement de tous les genres d'industrie,* et la re-
» naissance de vos arts, jadis si célèbres. Et si vos sentimens
» et vos efforts répondent à ceux que votre roi vous con-
» sacre aujourd'hui *de la manière la plus solennelle et la*
» *plus irrévocable,* la félicité qui vous est assurée sera pen-
» dant plusieurs siècles, l'héritage de votre postérité recon-
» naissante ». Des expressions si touchantes retentissent encore dans nos cœurs, nous espérons constamment toucher au bonheur ; mais pour la première fois que nous avons osé y compter, depuis 30 ans, et que nous avons sincèrement uni

nos efforts à ceux du Prince, nous paraissons à nos propres yeux n'en avoir jamais été plus éloignés ; il y a donc évidemment de la faute du ministère, qui ne se rappelle ni les promesses *solennelles et irrévocables* du Monarque, ni les espérances que nous avons fondées sur sa paternelle invitation *d'ouvrir nos cœurs à l'espoir et à la confiance.* Mais rassurons-nous, le Prince ne sera point insensible à notre détresse, et le temps qui développe tout, corrigera ce qui est mal, et satisfera à toutes les nécessités.

Je prie le Ministère de souffrir la grande liberté que s'est permis un simple cultivateur, qui n'ayant ni le moëlleux, ni la souplesse des courtisans, n'a point cherché à plaire, mais à indiquer les causes qui affligent la commune patrie. Si quelque chose dans ce qu'l vient de dire parait plus dur que la nécessité qu'il croit impérieuse, il s'en excuse envers ceux qui auraient le droit de s'en offenser.

Maintenant que le mal résultant de la loi de 1816 est constaté, il s'agit de lui appliquer un remède. L'expérience et la législation des pays voisins nous en fourniront des moyens faciles ; en les parcourant, nous acquerrerons la conviction qu'aucune nation de l'Europe, dans une position analogue à la notre, partie agricole, partie manufacturière et commerçante, n'a pu subsister avec une législation absolue et inflexible ; que toutes au contraire, ont dû la modifier suivant les circonstances.

SECTION II.

Législation anglaise sur les grains.

Deux peuples rivaux en Europe, en matière de législation des grains, peuvent à la suite d'une longue expérience, donner d'utiles leçons aux autres : l'Angleterre et la France.

Des lois restrictives, gouvernent la première, depuis la 22e. année du règne de Charles II ; il fut à cette époque imposé un droit sur l'importation du blé étranger, de 16 sh. par quarter, lorsque le prix du blé n'était pas en Angleterre au-dessus de 2 l. 13 sh. le quarter, et de 8 sh., lorsqu'il n'était pas au-dessus de 4 l. st.

Cette mesure ne fut pas trouvée suffisante, et en 1690, la loi de la deuxième et troisième année de Guillaume et de Marie, y ajouta une prime de 5 sh. par quarter de froment exporté, lorsque le prix du blé, dans le marché natio-tional, ne serait pas au-dessous de 2 l. 2 sh.

Adam Smith observe que le but de ces deux lois était de hausser le prix du blé dans le marché national, et de rétablir l'équilibre entre le bénéfice du capital employé dans *l'agriculture*, et celui du capital placé dans le *commerce extérieur*.

Cette pensée est sage et peut servir de leçon, elle dépossède à elle seule la province de Hollande de toutes ses prétentions particulières.

En 1765, on défendit l'exportation ; et après 8 années d'expérience, en 1773, par la loi, dite acte de Pownal, du nom de son auteur, on abolit les primes et les taxes. On jugea les capitaux assez surabondans, pour que leur placement dans l'agriculture ne dut plus différer des autres placemens. On avançait d'ailleurs, qu'il était de l'intérêt de l'Angleterre de tenir les subsistances et la main-d'œuvre à bas prix, pour favoriser non pas les étrangers, *mais les manufactures*.

Depuis cette époque, jusqu'en 1790, le blé haussa assez en prix pour établir une compensation utile à tous. C'est en 1791 que le parlement se vit forcé de prendre de nouvelles mesures ; les conditions du bill furent lues, elles portaient que l'importation du blé serait permise, quand le blé anglais s'élèverait à 48 sh.

Plusieurs membres observèrent que si l'importation était permise avant que le prix du blé eut atteint 48 sh, *toute espèce d'encouragement serait enlevé à l'agriculture. Les avantages des autres pays anéantiraient toute culture du nôtre.*

M. Fox prit la parole : « Je pense que *l'expérience* peut
» dans cette question nous diriger surement. Cette expé-
» rience doit nous porter à fixer un prix un peu élevé au
» blé, avant d'en permettre l'importation. Anciennement et
» d'après nos anciennes lois, le prix du blé avait continuel-
» lement baissé jusqu'en 1773, époque à laquelle il a aug-
» menté, et notre pays alors, au lieu d'exporter lui même,
» a commencé *l'usage scandaleux d'importer du blé*. Ceux
» qui cultivent du blé savent que même dans le cas le plus
» malheureux de leurs moissons, le prix du blé s'élèverait
» toujours assez pour les indemniser, et que de cette manière
» il y aura toujours une sorte d'encouragement laissé aux
» cultivateurs, et le pauvre profitera de l'avantage qu'il doit
» trouver dans l'abondance. La garantie du pauvre est dans
» l'encouragement donné à l'agriculture du pays, et cela ne
» peut se faire qu'en accordant des primes, ou des prix plus
» élevés ; ce qui équivaut à des primes. »

Certains hommes d'états ne sont pas de l'avis de M. Fox,
ils pensent qu'on peut laisser avilir le prix des grains, mais
qu'en revanche on doit établir une taxe pour les pauvres.

Ce fut en 1798 que M. Pitt commit la faute, dont les
Pays - Bas donnent en ce moment un nouvel exemple,
comme si le passé n'était rien pour nous. L'immodération des
taxes, et leur manque de proportion avec les moyens des
contribuables, fit acheter à l'estimable peuple anglais, par des
sacrifices énormes, la conviction qu'il fallait porter à l'agriculture un bien plus grand intérêt, de plus grands sacrifices,
de plus grands capitaux, des soins plus étendus, et une prévoyance mieux combinée. Comme cette époque indique celle
de 1800, et le fatal moment où la France, par des repré-
sailles que l'Angleterre avait provoqué en 1794, 1795 et 1796,
lui fit expier son crime de lèze-civilisation, que la guerre de
la révolution n'a vu que trop se multiplier en Angleterre
comme en France ; je me tairai sur des faits trop connus.

L'Angleterre éprouva par la disette, en 1800, 1801 et 1802,

5

lés mêmes effets que les Pays-Bas éprouvèrent en 1816 et 1817, un accroissement de mortalité et d'une diminution de naissances. Sur la population de Londres, se composant alors de 864,000 âmes, on relève les mouvemens suivans :

	naissances.	décès.
En 1799, avant l'effet de la disette.	18.970	18,134
En 1800	19,176	23,068
En 1801, diminution de naissances.	17,814	19,373
En 1802, retour et augmentation des naissances.	19,918	19,379

Si quelqu'un veut comparativement à ce qui précède, compulser nos registres, il trouvera une frappante analogie entre les années 1799 à 1802 en Angleterre, et celles de 1815 à 1818, en Belgique.

La famine de 1800 avait donné une leçon terrible à l'Angleterre, et fait connaître l'existence d'un danger dont elle a cherché depuis à éloigner le retour. L'Angleterre pouvait bien tirer de l'étranger le complément des subsistances végétales dont elle avait besoin ; mais cette mesure était subordonnée aux chances de la guerre, à celle de la navigation pendant l'hiver ; à la distance des lieux d'approvisionnemens, la Baltique fermée pendant plusieurs mois et dépourvue des grains de la Pologne ; l'éloignement de la mer Noire, de l'Amérique septentrionale, de l'Inde pour le riz, etc.

Je ne suis entré dans ces détails que pour établir les effets qui sont le résultat nécessaire d'une position semblable, et pour convaincre ceux qui en doutent, que le système actuel et le défaut de prévoyance en administration, peuvent nous conduire à la ruine, ou à la famine.

Il est dans le passé des faits précieux à consulter, je vais continuer à tracer la législation Anglaise, elle peut nous être d'un grand secours pour la conception d'une loi vraiment nationale.

Une loi de la législature de 1804, établit : que lorsque le le prix du blé froment, était au-dessous de 2 l. 8 sh. le quarter légal, qui est de 4 pour 100 ; moindre que celui de Winchester, il serait payé à l'exportation une prime de 5 sh. par quarter.

Que lorsque le prix du blé froment était au-dessus de 2 l. 8 sh. mais au-dessous de 2 l. 14 sh. l'exportation était encore permise, mais non encouragée. C'était en effet la rendre à-peu-près nulle, le prix du blé ne pouvant jamais descendre à un taux aussi inférieur que celui où elle était encouragée.

Que lorsque le prix du blé froment était au-dessus de 2 l. 13 sh., l'importation était permise ; mais l'importateur payait un droit très-élevé ; que lorsque le prix s'en élevait au-dessus de 3 l. 3 sh., le blé importé n'était soumis qu'à un droit de 6 sh. 6 d.

Qu'enfin, lorsque le prix du blé froment dépassait 3 l. 6 sh., l'importation n'acquittait plus qu'un droit de balance de 6 deniers par quarter.

L'agriculture ne pouvait trouver des moyens suffisans de prospérité dans la loi de 1804, dès que le blé parvenait à 3 l. 6 sh. ; (insuffisant cependant pour assurer des bénéfices convenables). L'importation commençait et la ruinait.

En 1813 la chambre des Communes prit une résolution, que celle des pairs n'ent pas le temps de sanctionner. Elle prohibait l'importation des farines, et soumettait celle des grains de 1 l. 4 sh. 3 d. par quarter, lorsque le blé froment, dans les districts maritimes de l'Angleterre, de l'Écosse et de l'Irlande, ne vaudrait pas 5 l. 5 sh. 2 d. le quarter ; elle voulait que lorsqu'il atteindrait ce dernier prix, le droit ne fut que de 2 sh. 6 d. ; s'il venait à s'élever à 6 l. 5 sh. 2 d., le droit se trouvait modéré à 6 d. par quarter.

On conçoit dès-lors, que par suite d'une législation adoptée aux circonstances et aux localités, très-éloigné du commode *laissez faire*, que le prix du blé devait régulièrement se maintenir autour de 3 l. 6 sh. le quarter, et ne pas éprouver de grandes variations ; c'est ce que demandaient tous les laboureurs et tous les propriétaires de terres. C'est aussi ce que réclame la Belgique, car avec une législation comme celle qui nous régit, nous sommes constamment exposés à des transitions brusques, qui nous mettent dans l'alternative de mourir de faim, ou d'étouffer sous l'abondance (1).

Telle était la manière que je viens d'énoncer, dont la législation Anglaise avait cru devoir combiner les *divers intérêts*. Elle y avait été déterminée, et par la considération des résultats des lois de la 22°. année de Charles II, et de la première de Guillaume et Marie, auxquels elle devait se refuser, et par la nécessité où la plaçait sa position ; forcée de sacrifier la culture des céréales, non à l'intérêt d'une province, ou de quelques individus, mais à l'industrie manufacturière.

En 1815, on arrêta que, lorsque le blé, dans les marchés maritimes, descendrait à 63 sh. le quarter, l'importation serait défendue ; mais permise quand il s'élèverait à 66 sh. et le droit d'importation serait de 14 sh. 10 d. Quand le blé serait à 80 sh. le quarter, l'importation serait libre moyennant un droit de balance.

Il semble au premier abord que les Anglais auraient laissé une lacune dans leur législation sur les grains ; lacune qui consisterait en ce que la loi permanente n'accorde en aucun cas, de prime à l'importation de cette denrée ; ce qui obligerait à la vérité, très-rarement le parlement à rendre des bills de circonstance.

Cette particularité tient à ce que tout, et par conséquent le travail est si cher en Angleterre, les impôts si considérables, que le blé doit et peut s'y vendre à un prix plus que suffisant, pour attirer les blés étrangers, dès que l'importation est permise ; d'où il suit qu'il ne peut jamais devenir nécessaire d'accorder une prime d'entrée, si ce n'est dans le cas, heureusement si rare, où la cherté est générale dans les quatre parties du monde, d'autant plus qu'en toute autre occurence, les entrepôts réels, établis dans presque tous les ports de l'Angle-

---

(1) Ces documens ont été puisés dans l'excellente Histoire critique et raisonnée de la situation de l'Angleterre, en 8 vol. par M. de Montvéran.

terre, regorgent de grains étrangers, *destinés pour d'autres pays*, et qu'on s'empresse de verser dans la circulation intérieure, aussitôt que la prohibition habituelle est suspendue.

SECTION III.

Législation française sur les céréales.

Les premières dispositions législatives datent du 16°. siècle, jusques là on en remarque seulement quelques unes isolées à des distances plus ou moins éloignées, mais qui ne supposent aucun système suivi, la plus ancienne est de 806, sous Charlemagne. Ce n'est qu'en 1677 à 1682, qu'on remarque que la législation varie, et qu'elle prend quelque chose de cette fléxibilité qui lui permet d'étudier et de suivre les besoins du peuple, l'abondance ou la médiocrité des récoltes.

Les ordonnances de 1692, 1693, 1694 et 1698 ne renferment que des défenses de sortie et des dispositions règlementaires sur le commerce intérieur du blé, dispositions qui n'ont été que trop souvent des entraves et des empêchemens pour l'agriculture et l'industrie. L'administration de Louis XIV a été soumise plus d'une fois à la terrible épreuve de la disette des subsistances; on affectait sous ce règne mémorable, un grand mépris pour les gens qui cultivent la terre, et il a fallu la funeste année de 1709 pour les faire sortir d'une espèce de dégradation. La disette amena deux arrêts du conseil qui autorisèrent la libre circulation des grains et farines dans l'intérieur, en la débarrassant de toutes les formalités dont elle avait précédemment été chargée. L'état des choses fut tellement allarmant, qu'on voulut bien condescendre à protéger le cultivateur, tant il est vrai que le besoin rapproche les hommes, et l'agriculture si souvent outragée et oubliée, écrasée sous la masse des impôts, fut remise en honneur : aussi fit elle des progrès si rapides, que presque tout le règne du successeur de Louis XIV ne fut marqué par aucune disette ; il faut en excepter le terrible hiver de 1740, qui fit recourir le gouvernement aux mêmes fausses mesures employées sous le règne prédent ; on en déplora les résultats.

Depuis l'époque précitée jusqu'à celle de 1777, la législation n'avait fait aucun progrès, l'agriculture avait de nouveau été découragée, la population s'était augmentée, et les moyens alimentaires n'excédaient pas, année commune, les besoins du royaume. Depuis 1777 jusqu'à 1787, le gouvernement s'étant occupé du sort des laboureurs, la culture avait prospéré de nouveau, *l'exportation* fut permise ou *arrêtée* par l'administration, en différentes occasions, selon qu'il y eut abondance ou inquiétude sur le produit des récoltes.

En Septembre 1788 on suspendit le transport des grains au dehors, le blé fut rare, on en acheta pour 74 millions à l'étranger ; un arrêt du conseil, d'Avril 1789, ramena aux anciens principes, mais l'Assemblée constituante ne tarda pas à s'occuper des subsistances ; elle rendit trois décrets qui avaient pour objet de maintenir la circulation ; d'en prévenir les entraves, et de suspendre tout transport hors du royaume. C'est alors que M. Necker fit accorder une prime d'importation d'un franc dix sols par quintal de froment, et de deux francs par quintal de farine du même blé, pour les autres espèces, la prime était moins forte.

C'est à la suite d'une très-mauvaise récolte, que nous avons vu paraître en 1793, sous la convention, le décret fameux du maximum sur tous les comestibles, il eut les plus affreux résultats. Il n'est que juste de le dire, l'Angleterre y contribua de tous les efforts de sa puissance, elle fit pendant les années 1794, 1795 et 1796 un crime de haute-trahison du commerce des grains avec la France : elle intercepta les farines d'Amérique qu'on y amenait, et par suite de son influence sur la Porte Ottomane, obtint de cette puissance la prohibition des exportations des blés du Levant.

L'exportation eut lieu sous le Directoire, en 1799. Elle eut encore lieu en 1803, l'excédent de la récolte présentait une surabondance de près d'un million d'hectolitres, mais l'exportation n'ayant eu lieu que par des permis particuliers, on n'obtint pas le but qu'on s'était proposé, l'augmentation du prix des blés, ils restèrent stationnaires. On prit en 1804 des mesures législatives qui viennent se confondre dans la législation de 1821. On s'en rapprocha encore davantage l'année suivante, et l'on s'en écarta complettement en 1810.

En 1812 on commit des fautes graves, à la suite d'une grande inquiétude sur les subsistances ; les décrets des 4 et 8 Mai renfermèrent les mots fâcheux *d'administration ennemie de ceux qui spéculent sur la vie des citoyens,* ils démontrèrent que le chef du gouvernement, qui vit pour la première fois que les besoins alimentaires réclamaient sérieusement son attention, était vivement frappé du spectacle des émeutes qu'il avait vu dans sa jeunesse en 1789. Il prononça aussi les mots *d'accapareurs* et de *monopole ;* il séduisait ainsi le peuple, qui applaudissait précisément ce qui devait accroître ses souffrances. Ces décrets firent remarquer que le chef de l'état avait l'habitude de préférer la force à toutes les autres voies ; il porta atteinte à la propriété, en établissant un maximum ; toutes ces mesures n'empêchèrent pas le trésor de dépenser cette année 80 millions pour l'achat des grains.

Une ordonnance de Juillet 1814, qui permettait provisoirement l'exportation, annonçait la présentation prochaine aux chambres d'une loi qui put *concilier, autant que possible, les intérêts des consommateurs avec ceux de l'agriculture, et établir sur des bases fixes le mode et les conditions auxquels il serait permis d'exporter les grains hors du royaume.*

La loi de Décembre suivant statua que les départemens frontières seraient divisés en trois classes, la première aurait pour limite d'exportation 23 francs l'hectolitre ; la deuxième 21 francs ; la troisième, où les blés sont le moins élevés, 21 francs. Une ordonnance du même mois désigne les ports et bureaux par où l'exportation s'effectuerait.

En 1816 et 1817 le pain valait en quelques localités 90

centimes la livre ; les sacrifices du gouvernement s'élevèrent à 56 millions.

Une ordonnance du 11 Mars 1819 révoqua celles qui avaient suspendu la perception des droits sur les grains, farines, etc. venant de l'étranger. Ces droits étaient de 5o c. par quintal métrique, en vertu de la loi d'Avril 1816. La modicité de ce droit n'a pu arrêter l'importation ; depuis le mois d'Octobre 1818 jusqu'à la fin d'Avril 1819, elle a été immense ; les blés venaient de la mer Noire et inondaient le midi de la France. Ces importations, qui ont singulièrement nui à l'agriculture, par l'avilissement du prix des grains français, ont donné lieu à la loi de Juillet 1819, dans la vue d'assujettir *à des droits d'entrée permanens, les farines et blés importés ; d'en graduer les prix en raison de la baisse du taux des grains, de manière à empécher les introductions inutiles, et conséquemment nuisibles ;* de faire même cesser l'importation, lorsque les grains indigènes sont à un certain prix. Tous les mois, un tableau régulateur du prix des grains doit être dressé par le ministre de l'intérieur pour chaque classe de département, conformément à la loi de décembre 1814, dont celle-ci et celle qui va suivre forment le complément.

La loi de 1821 est encore plus restrictive, l'article 2 suspend la sortie du blé froment indigène quand il aura, suivant les classes qui y sont désignées, dépassé de deux francs le prix fixé par l'article 3. Lorsque le prix sera descendu au-dessous de 24 fr., de 22 fr., de 20 fr. et de 18 fr., toute introduction de blés et farines étrangères, *pour la consommation,* sera prohibée, et le droit supplémentaire imposé par la loi de Juillet 1819 sur les blés importés en France, sera perçu lorsque le prix des fromens indigènes sera descendu dans la première classe à 26 fr., dans la seconde à 24 fr., dans la troisième à 22 fr. et dans la quatrième classe à 20 fr. Le second droit supplémentaire imposé par l'art. 3 de la même loi de 1819 sera perçu, conformément à cet article, lorsque le prix des blés fromens indigènes sera descendu dans chaque classe , au-dessous du taux indiqué par l'article précédent. Les dispositions de la loi de Juillet précité, applicables aux seigles et maïs et aux farines de ces grains , en vertu de l'article 10 de la même loi , recevront leur exécution , lorsque le prix de ces grains sera descendu à 19 fr. l'hectolitre dans les départemens de première classe, à 17 fr. dans la seconde, à 15 fr. dans la troisième et à 13 fr. dans la quatrième : et la prohibition des mêmes grains et farines aura lieu , lorsque le prix de ces grains sera descendu au-dessous de 16, 14, 12, et 10 fr.

Telle est la législation de la France , où aucun intérêt particulier ne prédomine , où nulle oligarchie commerciale n'établit de suprématie.

La législation restrictive qui a gouverné la Belgique méridionale , sous la maison d'Autriche est trop connue pour la citer ici ; elle n'était pas dépourvue d'intérêt local et national, mais trop influencée par le gouvernement anglais , on n'a pas porté à ces provinces l'affection nécessaire pour élever alors son industrie agricole et manufacturière au dégré de splendeur dont elle était déjà susceptible. La Belgique a donc, dans l'espace de 30 ans, traversé trois législations différentes ; la législation française était progressive ; celle de l'Autriche, qui l'a précédée , était stationnaire ; celle qui suit la première est rétrograde. L'une a voulu marcher vers l'avenir, l'autre n'a pas voulu aller en avant, et la troisième retourne vers le passé. Ces provinces ont tant de fois changé de domination , que le dernier occupant reste toujours exposé à la censure qui résulte de la comparaison.

Le Portugal , l'Espagne, la Sardaigne ont, en 1819, pris des mesures restrictives et propres à l'intérêt des localités.

La législation des deux peuples de l'Europe qui passent pour les plus instruits dans l'économie politique et qui ont traversé tant d'évènemens divers ; l'Angleterre et la France, démontre à l'évidence que cette brillante et commode théorie de *laissez faire*, doit crouler devant la vérité dont nous devons la découverte à l'observation des faits et à l'expérience. Si ces peuples, dans les momens difficiles, avaient *laissé faire*, quel en eut été le résultat ? Le passé et l'avenir sont donc pour nous, maintenant que l'exactitude des expériences qui réfutent les prétentions surannées de la province de Hollande, se trouve pleinement établie, et qu'il y aurait manque de foi à la contester. L'on ne doit cependant pas se dissimuler que telle est néanmoins sa tendance, ou celle du ministère ; elle se reproduit dans un écrit périodique privilégié, toutes les fois qu'il est question de soustraire nos intéressantes provinces à la loi de 1816. A la possession des faits dans lesquels nous sommes entrés, on oppose des principes émis par des économistes de mérite, mais qui n'en sont pas moins opposés à l'expérience. Le tocsin qu'on sonne sur des intérêts particuliers, à l'apparition de la moindre lumière dans la discussion, ne démontre-t-il pas la répugnance qu'éprouvent les uns et les autres à se soumettre à une législation vraiment nationale ? Je dis nationale, parcequ'il n'est pas vrai que celle-ci représente les *intérêts généraux.*

SECTION IV.

Opinion des économistes en matière de législation sur les grains.

Je vais donc à mon tour invoquer les autorités, sur l'appui desquels les partisans du *laissez faire* ont compté, et l'employer avec l'avantage qui en résulte, pour les faire sortir de leur dernier retranchement. Nous allons voir que les maximes, que les pratiques qu'ils ont l'habitude de présenter comme nationales, ne sont autre chose qu'un tour d'adresse, pour écarter des intérêts légitimes, pour refuser au droit de tous, son imprescriptible empire.

Il eut été à désirer, que l'autorité elle-même se fut montrée plutôt étonnée, que de paraître accueillir, des prétentions si contraires à l'intérêt de l'immense majorité. Pour moi qui ne puis souscrire à voir s'effectuer la ruine de mon pays, sans avoir essayé mes faibles moyens, pour le défendre par la voie légale et permise; je vais démontrer jusqu'à l'évidence, et repousser par des preuves nouvelles, par des autorités respectables, ce que la prétention de la province de Hollande renferme de faux et de funeste ; c'est l'indépendance du pouvoir, c'est l'intérêt général que j'entends défendre, contre ceux qui exigent tout, et ne se contentent de rien.

Les supériorités légitimes, les influences naturelles qui existent dans un pays, ne doivent jamais être perdues de vue, et encore moins être, ou paraître sacrifiées à des intérêts qui ne sont pas les leurs ; on sait toujours bien quand ce que l'on propose est son affaire ou celle d'autrui.

« Adam Smith soutient que les capitaux s'accroissent par » l'épargne, et que l'accroissement de la richesse dépend *des* » *produits* par delà les consommations. » (1)

Il est impossible de contester la vérité générale et abstraite de cette proposition, et si on la considère dans une grande partie de son application. Aucun accroissement considérable et progressif de richesse ne saurait en effet s'opérer sans ce dégré de frugalité, qui fait convertir tous les ans une certaine portion du revenu en capital, et qui rend la somme des produits plus forte que celle des consommations. De même si la consommation surpasse la production, il est clair que le capital de la nation doit décroître, et que sa richesse doit graduellement s'anéantir par la perte de la faculté de produire.

De ce qui précède, résulte une autre conséquence qui nous intéresse éminemment : *lorsqu'on a des produits au-delà de la consommation,* et qu'une partie de la société s'obstine à les repousser, à leur préférer ceux des étrangers, et à refuser

---

(1) Richesse des nations, liv. IV, chap. 3, pag. 250, 6e. édit. anglaise.

aux productions du sol, toute espèce d'encouragement pour l'exportation, ne s'en suit-il pas également, que bientôt la re-production doit diminuer, et que les capitaux résultant des productions, ne restent pas en proportion avec l'énormité des impôts? Importer des grains quand nous sommes nous-mêmes dans un état d'exportation forcée, c'est anéantir l'iudutrie; c'est détruire le germe de la reproduction, c'est commettre une absurdité.

Tous les économistes ont dit que le commerce doit toujours être en proportion avec l'agriculture, qu'ils doivent toujours être inséparables. Oserait-on soutenir que le commerce des grains étrangers admis à la consommation, ne soit en ce moment une faute en économie politique et que la Hollande ne veuille vivre de la dépouille des autres provinces, au lieu d'opérer une fusion d'intérêts? Veut-elle ainsi réduire les provinces agricoles à ne travailler que pour elle? Quels sont ses moyens? je les ai déjà cité. Où est son appui? son appui est la loi de 1816, et tant qu'elle sera une loi, il faudra souscrire à la condition dans laquelle nous sommes constitués. Mais il nous reste à examiner d'après quels principes cette loi a été crée, pour démontrer la fausseté de sa bâse. Cette loi qui n'a ni l'assentiment tacite de la nation, ni rien de ce qui la rend compagne de l'industrie rurale, est d'un intérêt purement commercial. Mais pour que l'intérêt commercial pût marcher avant celui de l'agriculture, il eut fallu montrer ses titres à la supériorité. C'est ce qu'on a cru avoir fait, en disant: *le haut commerce protègera l'agriculture, comme toutes les autres industries*. Depuis longtemps la protection du haut commerce à été appréciée à sa juste valeur, nous pouvons encore en être la victime, mais à coup sur nous n'en sommes plus la dupe. Examinons dans quels rapports se trouvent les capitaux employés dans le commerce avec ceux de l'agriculture, et nous aurons la mesure de son usurpation sur l'industrie rurale, et par conséquent la bâse de ses prétentions.

Le relevé du produit de l'impôt sur les propriétés en An-

_gleterre, où l'agriculture n'est pas aussi riche qu'aux Pays-Bas, nous fournit une preuve frappante de sa supériorité immense sur les capitaux du commerce. Des documens *ministériels* l'attestent, dit le professeur Malthus ; le tableau D. comprenait toutes sortes de métiers. La totalité montait à trois millions, dans lesquels les professions entraient pour un million, les capitaux du commerce et des manufactures figuraient donc pour deux millions dans l'impôt sur les propriétés. Cet impôt produisait six millions et demi st. , de manière que les capitaux employés à l'agriculture y figuraient pour trois millions et demi, ce qui met ceux du commerce et des manufactures en rapport avec les capitaux de l'industrie rurale, comme 4 à 7.

Quoiqu'il n'y ait aucune espèce de comparaison à établir entre le commerce Anglais et celui de la province de Hollande qui est dépourvue d'arts industriels, de culture, et dont le trafic va constamment en décroissant, je veux cependant bien lui faire une part fort large dans l'hypothèse suivante : posons que les Pays-Bas employent dans leur commerce le quart des capitaux de l'Angleterre , et que la province de Hollande fasse à elle seule la moitié du commerce du royaume, qu'elle est la somme comparative à celle qui est employée à l'agriculture ? Elle est d'un à quatorze. C'est à quoi s'élèverait ce vain étalage du haut commerce, s'il ne fallait pas encore distraire de la part qui vient de lui être assignée avec profusion, les capitaux considérables qui sont employés aux arts industriels , qu'on sacrifie partiellement à son système d'entrepôt, et des colonies.

Mais on pense bien que j'ai traité cette province avec beaucoup trop de générosité, et que le capital de son commerce ne s'élève pas à la centième partie de celui qui est employé à l'industrie rurale. L'influence de sa position est différente quand par exemple elle gagne un million par l'introduction des grains étrangers, au moment de la surabondance ; ce n'est pas aux Danois, ni aux Russes qu'elle prend cette somme, mais c'est aux cultivateurs du sol de la patrie, et le million qu'elle gagne de cette manière en coûte un grand nombre d'autres aux provinces agricoles, par l'influence qu'a opéré l'importation sur le prix de nos grains et de nos bestiaux. Et on appelle cela une fusion !

Est-ce en faveur de son commerce que cette province a une double représentation nationale ? est-ce en faveur des colonies dont elle n'a pas l'administration ? Tout cela se confond dit-on dans le *haut commerce*. Nous savons bien qu'il y a dans la société des personnes qui doivent être placées plus haut que les autres, mais nous ne concevons pas l'erreur dans laquelle on paraît avoir été, quand on a donné double vote à une province qui n'a point le mérite de cette importance, ni par ses capitaux, ni par son industrie, ni par le système colonial auquel contribuent toutes les provinces, et que S. M. le roi administre seul comme il lui plaît, et sans doute avec sagesse.

(Cette situation des choses exigera peut-être un jour qu'on y applique le remède prévu par l'art. 229 de la loi fondamentale).

Je ne comprends pas dans les capitaux du commerce de la Hollande, ceux qui sont placés dans les fonds publics de l'Europe, et sur lesquels elle ne paye aucun impôt ; je ne comprends pas non plus, dans les fonds employés à l'agriculture, ceux de même nature, des provinces agricoles.

Revenons aux économistes de la manière la plus succincte.

GALIANI disait, il y a une cinquantaine d'années, ce que nous répetons aujourd'hui : il trouvait mauvais que l'importation fût libre et dégagée de tout impôt, prévoyant que des pays très-fertiles en blés inonderaient les ports, même dans l'abondance. « Dans les mauvaises années, l'intérieur souffrira la cherté, le blé ira dehors par l'exportation ; dans les bonnes, les provinces frontières et maritimes souffriront l'indigence, le blé étranger se versant par l'importation illimitée.

Laissez aller cette navette une vingtaine d'années , et vous verrez la belle étoffe que vous en tirerez » (1).

M. NECKER. « L'exportation doit être habituellement libre; mais l'administration doit suspendre cette liberté dans certaines circonstances, lorsque les diverses connaissances qu'elle est seule en état de rassembler, l'invitent à cet acte de prudence ; elle seule en effet a les moyens de discerner ou de présager avec sûreté ce que peuvent exiger les besoins généraux du royaume, la perspective des récoltes , les prohibitions des pays étrangers , les craintes de guerre , et tous les mouvemens politiques ».

« Ce sont les systêmes immodérés pour ou contre la liberté de l'exportation qui ont excité des révolutions dangereuses » (2).

M. FOX. Son discours au Parlement. Voyez page 17.

VOLNEY. Lorsque soit à cause de la pesanteur des impôts, le travail et le capital employés à la culture , *coûtent plus que le produit qui en résulte ,* alors non seulement il n'y a pas de profits , de revenu pour le propriétaire du fonds , mais il n'y en a pas non plus sur ce même fonds pour les capitaux ni pour l'industrie ; ils se consomment ou s'enfuient ; les terres restent en friche ; la population décroît et la civilisation s'altère (3).

J.-B. SAY. Pour en revenir au commerce des grains, je ne voudrais pas qu'on se prévalût de ce que j'ai dit des avantages de la liberté, pour l'appliquer sans mesure à tous les cas. *Rien , n'est plus dangereux qu'un systéme absolu et qui ne se ploye jamais , surtout lorsqu'il s'agit de l'appliquer aux besoins et aux erreurs de l'homme.* Le mieux est de tendre toujours vers les principes qu'on reconnait bons , et d'y ramener par des moyens dont l'action agisse insensiblement, et par la même plus infailliblement. Lorsque le prix

---

(1) Huitième dialogue.
(2) De l'administration des finances.
(3) Ruines.

des grains vient à excéder un certain taux fixé d'avance, on s'est bien trouvé d'en défendre l'exportation, ou du moins de le soumettre à un droit un peu fort, mais il faut que le taux soit le plus haut possible. Si l'on promet une prime d'importation, lorsque le prix atteint un certain taux, il faut que ce soit plus haut encore, car quand le remède est lui-même un mal il ne faut l'employer qu'au moment de l'indispensable nécessité. (1).

PARIS. Le découragement de l'agriculture intérieure (en France) peut produire un déficit de subsistances que ne sauraient plus couvrir les importations les plus considérables; supposez une diminution d'un dixième dans les produits, c'est-à-dire de quinze millions d'hectolitres sur cent-cinquante; quatre à cinq mille vaisseaux suffiront à peine à l'arrivage simultané de cette quantité. Que deviendrions-nous, si tout-à-coup on nous refuse un approvisionnement devenu indispensable, ou si des flottes ennemies l'empêchent d'arriver? (2)

MALTHUS, en ce moment professeur d'histoire et d'économie politique au collège des Indes : la fertilité de la terre, soit naturelle, soit acquise, peut être regardée comme la seule source permanente de gros bénéfices sur le capital. Dans un pays exclusivement manufacturier et commerçant, et qui achèterait tout son blé au prix courant des marchés de l'Europe, il est absolument impossible que les rentrées du capital y soient pendant longtemps considérables. A des époques reculées de l'histoire, il est vrai, lorsque les grands capitaux étaient extrêmement rares, et qu'ils étaient bornés à un petit nombre de villes, l'espèce de monopole qui en résultait pour quelques branches particulières de commerce et de manufactures, tendait à maintenir les profits élevés, pendant un temps plus considérable, et de grands et brillans résultats ont à la vérité été obtenus par quelques états qui étaient presque exclusivement commerçans. (Comme Venise, Gênes, la Hollande) Mais

_____

(1) Économie politique.
(2) Législation sur les grains.

dans l'Europe moderne , la grande abondance des capitaux , la facilité des communications entre les différentes nations , et les lois de la concurrence intérieure et étrangère , s'opposent à la possibilité de retirer des profits considérables et permanens de tout autre capital que de celui employé dans l'agriculture. Aucun état commerçant et manufacturier , dans les temps modernes , quelqu'ait été la supériorité de son industrie, n'a pu faire des plus gros bénéfices permanens , que le taux moyen de profits dans le reste de l'Europe , tandis qu'il est reconnu que des capitaux, employés avec succès dans des terres d'une assez bonne qualité , peuvent rapporter d'une manière durable , de gros intérêts. (1).

Tous les économistes que je viens de citer sont d'accord sur l'importance de l'industrie agricole et reconnaissent sa supériorité sur celle des états purement commerciaux ; c'est à l'alliance de ces deux modes d'existence , l'agriculture et les arts et métiers, que nous sommes redevables de l'augmentation de la population et de l'excédent des subsistances alimentaires. C'est au développement simultanné de ces deux grandes branches de l'industrie, considérée en général, que nos provinces agricoles doivent leur splendeur. *Quand le commerce n'excède pas les proportions de l'agriculture,* il n'est pas de pays en Europe qui offre un spectacle plus fécond en résultats de cet axiôme plein de justesse, que les provinces productives des deux Flandres. Le commerce et l'industrie s'y joignent aux richesses du sol, tout est en mouvement dans la population , tout y circule en liberté ; cet échange de bienfaits, distribue partout l'aisance et le bonheur. Mais si quelque froid calcul, imprudemment combiné , vient déranger cette heureuse harmonie, alors tout tombe dans le découragement et le sol le plus fertile est frappé de stérilité.

Mais toutes les fois que les frais de production ne seront

---

(1) Principes d'économie politique, chap. III, sect. 10, 1 vol.

plus le fondement du prix des céréales indigènes, mais que leur prix sera réglé par la proportion, entre l'offre et la demande, qui résultera de l'importation des grains étrangers, alors il faudra quitter le champ, le toît de ses pères et chercher une autre patrie.

SECTION V.

De l'avantage de l'agriculture et des arts industriels sur le monopole du commerce colonial.

L'on conçoit très-bien l'avantage qui résultait du système colonial pour la navigation et le commerce hollandais, au moment où celui-ci était surchargé de capitaux, et pouvait porter ses possessions à un dégré de splendeur qui permettait à la République de balancer, pendant quelque temps, sur les mers, la fortune de sa puissante rivale. Elle avait alors des moyens d'attaque et de défense proportionnés à ceux de l'Angleterre.

Mais aujourd'hui que la portion des possessions coloniales, à laquelle nous sommes réduits, exige trois fois plus de moyens pour les défendre qu'on n'en employait alors, et qu'on n'a pas maintenant autant de facultés qu'au moment de la splendeur passagère de la République; il en résulte que l'importance de ce reste de colonies ne répond pas aux obligations tacites qu'impose la politique anglaise, celle de servir ses intérêts et ses vues particulières : et comme on ne peut conserver que ce qu'on peut défendre, il est facile de prévoir ce que deviendront encore une fois ces possessions, si nous refusons de nous ruiner pour elle. Il a paru qu'un système de fortifications aussi étendu que celui des Pays-Bas rendait déjà notre indépendance assez difficile pour que nous eussions à prévenir tout ce qui pouvait la compromettre davantage ; si, sous ce rapport nous nous trouvons dans une condition inévitable, il n'en est pas moins vrai que ces colonies nuisent à notre industrie comme à notre indépendance, sans laquelle il n'est point de patrie.

Si l'on voulait soutenir que, de la renonciation au système colonial, résulterait une perte immense pour l'état, je croirais pouvoir dire avec Adam Smith : « Ainsi, comme tous les
» autres expédiens misérables et nuisibles de ce système mer-
» cantile que je combats, le monopole du commerce des co-
» lonies opprime l'industrie de tous les autres pays et princi-
» palement celle des colonies , sans ajouter le moins du
» monde à celle du pays en faveur duquel il a été établi;
» mais au contraire, en le diminuant ».

Jérémie Bentham, célèbre jurisconsulte anglais, pense qu'il n'est pas besoin de gouverner telle ou telle île, de la posséder, pour y vendre des marchandises. Si les habitans étaient indépendans, il faudrait qu'ils les achetassent. Dans leur état de dépendance, que font-ils de plus ? (1)

Le savant Anglais que je viens de citer, proclame comme une vérité incontestable, qu'il n'est pas besoin de posséder des colonies pour commercer avec elles, et que, quand même on ne ferait pas de commerce avec les colonies, les capitaux qu'on y employe seraient appliqués aussi fructueusement à d'autres entreprises.

La domination d'un peuple sur un autre peuple, quelque modifiée qu'elle puisse être, représente toujours le maître et l'esclave; delà est sans doute né dans les colonies cette tendance générale à l'indépendance, dès qu'elles ont acquis le dégré de force nécessaire pour la réclamer ou pour la reconquérir.

Je ne prétends pas décider que le système des colonies serait encore soutenable, depuis l'abolition de la traite des noirs bien que mal observée, et depuis l'émancipation des Amériques espagnoles, qui entraîneront apparement un jour la Guiane et le reste du continent américain, mais je pense que toutes les fois que ces établissemens auront atteint un certain degré d'importance par eux-mêmes, les colonies profiteront de l'exemple et tour-

____

(1) Théorie des peines et récompenses, tome 2, pag. 379 et 383.

neront le dos à la métropole, si elles ne redeviennent pas la propriété du continent dont elles font partie.

Si l'on me disait à présent que les possessions en Asie ne sont point dans une situation aussi précaire que celles de l'Amérique ; je me permettrais de répéter ce que je viens de dire, à l'instant même, que leur importance ne répond point aux chances qu'elles nous font courir, ni aux dépenses qu'elles entraîneront en hommes et en argent. S'il fallait chercher un terme de comparaison entre ces possessions et d'autres de la même nature, je n'aurais pas besoin de sortir de leur voisinage pour en trouver ; la presqu'île de l'Inde nous en fournit un exemple frappant. La compagnie des Indes est depuis fort longtemps au-dessous de ses affaires ; et on a jugé qu'elle était incapable de les gérer davantage. Ce vaste pays n'offre que des moyens d'échange et peu de profits ; mais il occupe la navigation ; il entretient ce mouvement qui vivifie tout , il sert de champ très-étendu où cette multitude d'employés de toute espèce va s'enrichir , et d'où elle rapporte souvent des sommes considérables qui vont se perdre dans les fonds anglais , dont la solidité est incontestable dans un pays où l'on a érigé en axiôme : que plus on doit, plus on est riche. Cette vaste possession de l'Inde se réduit donc à une domination , voilà tout.

Avons-nous quelques résultats plus heureux à espérer de ces possessions lointaines, du commerce d'Inde en Inde, de celui du Japon ? Ces colonies nous seront-elles d'une utilité qui soit comparable aux sacrifices qu'elles exigent ?

Si réellement nous nous trouvons dans une condition semblable, quel sera en définitive, pour les Pays-Bas, le résultat de son intimité avec l'Angleterre ? Il me paraît assez facile de le deviner. Il n'y a qu'à jetter les yeux sur l'Angleterre elle-même pour voir l'état de détresse et de pénurie auquel ses triomphes et le succès de tous ses projets de domination politique et mercantile l'ont réduite ; La Grande-Bretagne , après une suite de succès de tout genre, se vantant (si l'on en juge par *l'État de la nation* que lord Sydmouth vient de

(37)

présenter, et qui fait le pendant de celui de M. de Montalivet, publié en 1813) de posséder plus de capitaux et d'industrie à elle seule, que plusieurs des principales nations de l'Europe réunies, convient ouvertement ailleurs, qu'elle ne peut ni employer, ni nourrir la totalité d'une population de onze millions d'habitans; cela ne nous fait-il point croire que la *maîtresse du monde* s'est usée contre la France? Si celle-ci avait onze millions d'habitans de plus, elle accroîtrait son industrie et sa surabondance. Je ne prends fait et cause pour aucune puissance, cela ne servirait à rien, mais j'en reviens à établir la preuve de la supériorité des puissances agricoles et manufacturières qui, par la division des propriétés au lieu d'une agglomération oligarchique, prospèrent constamment quand elles sont bien administrées, tandis que celles qui veulent tirer plus d'avantage du commerce *avant tout* et du système colonial, s'exposent à des revers de tout genre qu'il est impossible de contester. Pour rendre la chose plus frappante, je ferais paraître l'Espagne et le Portugal revêtus des haillons de la misère. Ces puissances possédaient, à une époque reculée, une florissante agriculture et une grande population, le système des colonies s'est emparé d'elles, la conquête avait mis dans leurs mains des contrées immenses en étendue comme en richesses; tant qu'elles les ont possédé, leur prospérité nationale a été en décroissant; à présent que l'Espagne surtout s'en voit dépouillée, elle a ouvert les yeux, et repris la culture du sol de ses pères. Sous ce rapport, sa situation déjà beaucoup améliorée, lui garantit d'heureux résultats, et un ample dédommagement de la perte de ses colonies.

Ce que je viens de dire sur l'intimité des Pays-Bas avec l'Angleterre, intimité depuis longtemps convoitée et particulièrement recommandée par M. Pitt, ne doit point être pris à la lettre, parce qu'il n'est pas possible de prévoir des résultats d'une manière si décisive. Les résultats dépendent souvent de circonstances imprévues qui peuvent et modifier l'action, amener de la complication dans les causes qui y contribuent ; il est difficile et il serait superflu de les analiser, ou même de les prévoir. Je reviens à mon sujet, pour fournir un dernier exemple qui portera la conviction partout, et qui démontrera que le système de la province de Hollande, celui de ne prendre en considération que les intérêts purement commerciaux, est évidemment inadmissible et repoussé par les *intérêts* généraux, qui doivent rester en possession du sol de la patrie.

La France comme la Hollande qui a été dépouillée de ses colonies par les Anglais, qui devaient les rendre *à pleines mains*, a dû se contenter de l'héritage des siècles ; elle l'a grossi par ses propres efforts ; depuis la perte de ses possessions lointaines, elle s'est prodigieusement accrue, soit par le développement des germes indigènes, jusqu'ici restés inféconds, soit par l'impulsion donnée à l'agriculture et à toutes les industries qui y tiennent par des rapports directs ou indirects, c'est ainsi qu'elle a vu acroître journellement la masse des ressources alimentaires et industrielles. C'est ainsi que fructifient et la liberté laissée aux intérêts privés et les encouragemens donnés avec habileté.

Avant 1789, la France était incapable de faire le service d'un budjet de 600 millions. Cependant elle possédait des colonies très-riches, St.-Domingue seul produisait annuellement 75 millions ; la mer était couverte de ses flottes et de ses vaisseaux marchands ; ses ports étaient pleins de vie et de mouvement : aujourd'hui qu'elle n'a presque plus rien de tout cela, qu'elle sort d'une lutte longue, sanglante et dispendieuse, qu'elle vient de subir deux invasions qui lui ont coûté trois milliards ; au milieu de tant de calamités et d'une agitation presque continuelle, par suite de l'instabilité de ses institutions, elle fait le service d'un budjet de 900 millions ! Est-ce le commerce du dehors, le système colonial qui lui en ont procuré les moyens ? Ce qui lui a été laissé de colonies est presqu'une dérision ; c'est donc à son administration pro-

tectrice, à son tarif des douanes et en définitive à son agriculture et à son industrie manufacturière, qu'elle est redevable
de cet état prospère. Qu'elle ne serait pas sa situation, si
elle possédait l'avantage de l'unité sociale, de la concorde ci-
vique qui sont la source de tous les autres !

Il me reste un mot à dire sur la loi de 1816. L'article VI
de l'acte de Londres, nous impose le paiement des dettes
communes celles des provinces du nord sont importantes, et les
intérêts en sont acquittés fort régulièrement des deniers publics, il y a là fusion complette et entière; mais l'art. IV de
l'acte précité a aussi son importance, et il en aurait eu sans doute
une bien plus grande, si des intérêts que personne n'a défen-
dus, avaient été représentés à Londres, comme l'ont été ceux
de la Hollande ; je vais le transcrire ici pourqu'on puisse
juger de l'exactitude de son exécution.

Article IV de l'acte du 8 Juin 1814.

« Tous les habitans des Pays-Bas se trouvant ainsi constitu-
tionnellement assimilés entre eux, les différentes provinces
jouiront également de tous les avantages commerciaux et
autres *que comporte leur situation respective, sans qu'aucune entrave ou restriction puisse être imposée à l'une au
profit de l'autre.* »

Une loi n'est vraiment une bonne mesure législative que
quand elle a l'assentiment national, et qu'elle a pour base
l'intérêt général.

La *situation* des provinces agricoles, qui forment plus des
trois quarts du royaume, *comportent* elles, qu'au moment
de la surabondance, on laisse entrer les grains étrangers,
dont le prix est inférieur à celui de la reproduction des céréales du sol national ?

Consommer des grains étrangers au moment d'un état d'exportation forcée, *n'est-ce pas imposer des restrictions et
des entraves* à l'industrie rurale, au profit d'une portion mi-
nime des habitans du royaume ?

Y a-t-il fusion dans la consommation des produits du sol de la patrie, comme il y en a dans le paiement des dettes ?

Il est évident que l'article IV a été éludé par la loi de 1816. Mais qui dit loi, dit *nécessité ;* où était la nécessité d'exposer le pays à la famine, ou à la surabondance ? Était-ce l'intérêt du haut commerce, celui de la province de Hollande ? Ce ne pourrait pas être à coup sûr celui des pays agricoles, et en ce cas il n'y avait pas de *nécessité nationale ;* c'était donc fouler aux pieds la première loi fondamentale de l'ordre social, *le bien de tous,* que de faire dans l'intérêt d'une province, ce que plus des trois quarts du royaume repoussaient. Cette loi a donc été l'effet du nombre, mais non pas celui des *intérêts généraux.*

Maintenant que la cause de l'agriculture et de l'industrie n'a plus besoin d'être défendue, que l'une et l'autre sont fatiguées d'avoir raison ; je voudrais bien que ces hommes d'État si sûrs de leurs talens dans la conception des lois, m'apprissent à bien distinguer ces divers intérêts ; qu'ils fissent à chaque branche de l'économie politique, sa part claire et nette ; qu'ils me prouvassent qu'ils ont voulu servir les *intérêts généraux* plutôt que les *intérêts d'une province,* et que ceux de l'agriculture et de l'industrie ne sont pas manifestement repoussés par ceux du commerce hollandais, et par le monopole colonial de *quelques individus.* Car il n'est pas vrai qu'il soit utile à la généralité. Ils seraient, je le pense, aussi embarrassés que leurs partisans, de cette masse de circonstances qui les accablent à la fois !

Dans un gouvernement représentatif, où les droits et les devoirs sont constamment réciproques, il n'est que juste qu'on réclame et qu'on obtienne une protection égale pour tous. C'est dans un pays si éminemment agricole comme le nôtre, où les produits du sol sont, malgré les progrès de l'industrie, le point d'appui le plus ferme pour le gouvernement, qu'on doit accorder, maintenir et protéger, tout ce que commande

l'intérêt grave d'une nombreuse classe de la société avec les avantages qu'une saine administration prescrit de garantir au cultivateur. Oui, il faut concilier ces deux choses ; là surtout, où
la contribution foncière n'est plus en proportion avec la valeur des denrées , où la base du cadastre est renversée par les
fausses mesures qui nous ruinent. C'est à l'oubli de cette con-
venance que nous devons cette situation pénible , de laquelle
il nous est impossible de sortir , si les intérêts d'une seule province, soutenus par la faveur ministérielle, continuent à repousser ceux de la grande majorité ; repoussement qui peut
causer notre ruine, sans sauver cette province d'une déca-
dence plus ou moins prochaine.

Est-il quelqu'un aujourd'hui qui voulut de bonne foi soutenir que la loi de 1816 n'existe pas exclusivement au profit
d'une seule province , et sans doute contre une partie de la
population de la Hollande même?

Est-il quelqu'un qui ne soit convaincu que cette loi est anti-
nationale et destructive de notre florissante agriculture ?

L'Angleterre a donné place, dans sa législation sur les
grains, aux dispositions que le besoin des circonstances peut
tour à tour admettre. C'est ainsi qu'elle encourage par une
prime l'exportation, si le blé est descendu à un prix jugé trop
peu considérable, qu'elle soumet encore l'importation à un
droit, ou la permet purement et simplement ; qu'enfin dans
un temps de cherté, elle stimule , provoque cette même importation par des primes. Cette adoption de principes étendus
et d'une application féconde en bons résultats , atteste une
salutaire prévoyance en faveur des *intérêts divers ,* auxquels
doit satisfaire la législation sur les grains.

C'est par des moyens semblables que la France a prévenu
ces secousses, ces transitions brusques dans les prix des céréales qui font naître l'inquiétude et portent le trouble dans
toutes les transactions usuelles de la vie, par les principes
qu'elle a consacré dans ses lois de 1814, 1819 et 1821.

6

Je n'affirmerai pas que les législations anglaise et française ,
sur les grains, ne laissent rien à désirer ; toutes les lois qui se
font au moment du besoin, se ressentent du joug des circonstances, mais comme elles sont les meilleures connues qui
gouvernent la matière, je pense que nous pourrions y puiser
d'utiles leçons.

« Mettre des restrictions aux exportations et aux importa-
» tions des grains, c'est les laisser à la portée des classes sala-
» riées, c'est prévenir l'avilissement des prix et par suite le
» découragement de l'agriculture. Donner, quand la nécessité
» l'exige, des primes d'encouragement pour l'exportation et
» l'importation, c'est prévenir la surabondance et la disette.
» Protéger le commerce des grains étrangers, sans les ad-
» mettre à la consommation de l'intérieur, hors des cas pré-
» vus, c'est protéger la navigation et la liberté du trafic ».
Telles sont, ce me semble, les bâses d'une législation qui
concilierait tous les intérêts, et relèverait la plus belle agriculture de l'Europe.

Que la province de Hollande ne s'allarme pas sur le systême, que je présente, d'encourager l'agriculture par des primes
d'exportation, dans les momens de surabondance ; lorsque les
grains tomberont si bas que la culture cesse de trouver dans le
cours des prix des bénéfices qui garantissent la reproduction.
La dépense en pareil cas est tout profit ; car le retour des va-
leurs, qui seraient le résultat de la vente de notre superflu
en grains, serait bien plus que compenser par ses avantages
les sommes reparties entre le commerce des Pays-Bas ; la
marine marchande y trouverait aussi un ample encouragement.

Si j'insiste sur l'importance d'assurer l'exportation de l'ex-
cédant de nos grains, c'est que nous sommes dominés par une
condition majeure, *la nécessité indispensable* de soutenir la
culture, et de ne point avilir tout-à-fait la propriété dans un
pays essentiellement agricole, où l'impôt territorial, de l'aveu
du gouvernement même, est trop élevé, indépendamment

de l'impôt nouveau auquel il vient d'être associé, par l'économie qu'on impose à toutes les classes de la société, et des
droits considérables que la France va mettre à l'entrée, sur
le Lin, les Chevaux et les Bestiaux, pour en prévenir la surabondance.

Il résultera de la prime d'exportation un autre avantage :
le bas prix des subsistances a presque le même inconvénient
que le prix excessif, il engendre la mendicité; la facilité de
vivre sans travail par des aumônes peu onéreuses au propriétaire et au cultivateur surchargé de grains, renforce l'éloignement pour le travail; cela est si vrai, que les pays où il y a le
plus d'abondance habituelle et de facilité de vivre, sont ceux
où l'on trouve ces nuées de fainéans. Il est évident que la
surabondance et la disette produisent la mendicité. Il est
évident que la population augmente beaucoup et que nous
sommes à la veille de souffrir de son exubérance, si nous
ne changeons pas de système, en matière de législation
des grains, comme en matière de douanes pour les objets
des manufactures étrangères qui se fabriquent aussi dans le
royaume. C'est en utilisant tous les bras que nous augmen-
terons la matière imposable, et que nous éviterons la taxe
des pauvres. Alors on pourra renoncer à construire, à en-
tretenir ces établissemens décorés du nom de *maisons de
bienfaisance*; dispendieuses inutilités; monumens de l'oubli
des premières notions de l'économie politique. Dans un
pays où l'on veut sincèrement aider la classe indigente,
il faut se réserver les moyens d'utiliser les bras; il faut
avoir un tarif national de droits d'entrée et de sortie; il faut
vouloir jouir de son indépendance; c'est d'elle que viennent
l'industrie, l'amour de la patrie et la reconnaissance publique; tout autre moyen est illusoire et contraire à l'honneur de la nation. Chaque peuple a droit aux élémens de bonheur qu'il possède dans son sein, ils forment sa propriété;
tous les Souverains ont invoqué cette importante vérité quand
ils étaient sous le joug; pourquoi les Belges seraient-ils exclus

des avantages naturels et légitimes dont jouissent tous les peuples de l'Europe?

C'est de la sagesse de l'administration que nous devons espérer des bienfaits si précieux, c'est *de la noble passion* de
notre Roi, *pour la liberté civile et l'indépendance qui de tout
temps a caractérisé les Belges,* que nous prenons l'exemple
de l'aversion pour *toute domination étrangère.*

Le droit à une protection égale n'est qu'une conséquence
naturelle de l'indépendance et de la liberté, mais c'est un
droit jaloux qui veut être sincèrement reconnu ; quand ce ca-
ractère manque, il n'y a plus de droit ; mais alors on perd la
reconnaissance et l'attachement, on cesse de produire sur les
administrés ces effets moraux si dignes d'envie. Si ces effets
manquent, les hommes vraiment citoyens se séparent peu-à-
peu d'un gouvernement qui, après avoir déposé les principes
d'ordre et de justice, aurait laissé commettre la faute de les
négliger, quand il n'aurait sû s'empécher de les proclamer.

L'on sait que la politique brave souvent les principes, mais
ce n'est pas dans le sol national, dans le cœur du Prince, que
cette politique prend ses racines, elle flétrit et dessèche ; elle
semble demander qu'on fasse des facultés de gouvernement
un système de déception, quand la raison et le besoin de
l'aimer exigent qu'on ait pour l'Autorité cette haute considération, cette suprématie librement consentie et qui n'ap-
partient qu'à la vérité. C'est elle qui nous maintiendra en
possession d'un droit imprescriptible, celui de vivre sur le
sol qui nous vit naître, du travail rural et industriel, droit
qui, si nous le perdions, ne nous laisserait plus rien à défendre, plus rien à espérer.